TRAMWAY

走近轨道交通科普系列丛书

走近有轨电车

趣谈篇

张中杰 主编

陈锦剑　朱观华 副主编

同济大学出版社
Tongji University Press

图书在版编目（CIP）数据

走近有轨电车. 趣谈篇 / 张中杰主编. — 上海：
同济大学出版社，2022.5
（走近轨道交通科普系列丛书）
ISBN 978–7–5765–0201–5

Ⅰ.①走… Ⅱ.①张… Ⅲ.①有轨电车–青少年读物
Ⅳ.①U482.1-49

中国版本图书馆 CIP 数据核字（2022）第 069064 号

走近轨道交通科普系列丛书
走近有轨电车——趣谈篇

张中杰 主编

陈锦剑 朱观华 副主编

策划编辑	陆克丽霞	责任编辑	陆克丽霞
责任校对	徐春莲	装帧设计	潘向蓁　王 翔

出版发行	同济大学出版社　www.tongjipress.com.cn
	（地址：上海市四平路 1239 号　邮编：200092　电话：021-65985622）
经　　销	全国各地新华书店
印　　刷	上海安枫印务有限公司
开　　本	710mm×1000mm　1/16
印　　张	8.25
字　　数	165 000
版　　次	2022 年 5 月第 1 版　2022 年 5 月第 1 次印刷
书　　号	ISBN 978–7–5765–0201–5
定　　价	58.00 元

本书若有印装质量问题，请向本社发行部调换　　版权所有　侵权必究

走近轨道交通科普系列丛书编委会

主　　编：张中杰
副 主 编：陈锦剑　朱观华
编委会成员：王浩然　陈　希　姚　幸　沈继强
　　　　　　刘苗苗　金建飞　郭伟华　王君如
　　　　　　李明广　吕培林　邵雪莹　廖晨聪
　　　　　　吴　航　张栩衡　陈　晨　秦　舒
　　　　　　张劲松　刘士煜　裘珍妮　吕圣华
　　　　　　全英格尔　严　妍

总 序

城市轨道交通作为一种绿色低碳的城市交通系统，是目前解决我国城市交通问题和大气污染问题的最佳方式。早在20世纪90年代末，国内就已掀起了城市轨道交通建设的热潮，并且范围越来越广。随着城市轨道交通建设如火如荼地进行，城市轨道交通科技也在蓬勃发展。土建、车辆、供电、通信、信号、综合监控、机电设备及消防系统等与城市轨道交通相关专业的技术成果丰硕。城市轨道交通成为支撑、引领经济快速发展和推动社会进步的新引擎。因此，推动轨道交通领域的科技进步与创新、促进先进技术的更新与应用、提高群体科学素养就显得尤为重要。

"走近轨道交通科普系列丛书"正是从广大市民的角度出发，围绕大家关心的问题，以"一问一答"的形式，深入浅出地介绍城市轨道交通科学知识及安全出行要点。本套丛书语言通俗易懂、叙述生动有趣，地铁源于"查尔斯·皮尔逊与老鼠的一次历史性的'会面'""地铁车辆每节车厢下面都'别有洞天'""你可以想象列车凭借一根钢轨悬挂在半空中"……这些阐述均来自本套丛书，相信一定能够激发读者对轨道交通的浓厚兴趣，为他们打开一扇了解轨道交通的窗口。

本套丛书的编者中有活跃在轨道交通设计研究工作第一线的青年科技骨干，也有活跃在教育领域第一线的青年教师。他们在总结实践经验的基础上，碰撞思维、跨界交流、精心甄选，为读者描绘出一幅幅轨道交通的知识画卷，带领大家感受轨道交通前沿科技的魅力。同时，本套丛书还有助于拉近读者与轨道交通专业工作者之间的距离，让读者能够理解城市轨道交通建设中必不可少的"阵痛"，学习轨道交通突发事件的正确应对方式，从而更好地融入新时代城市数字化转型的进程，进一步认可接受并选择绿色低碳出行，助力国家实现"双碳"目标。

全国勘察设计大师

2021 年 12 月

丛书前言

城市轨道交通是人们出行的重要交通工具。相比于城市道路和桥梁，轨道交通是一个较新的领域，因此不易被青少年及广大市民所了解。在日常搭乘轨道交通的过程中，有时人们会像历史学家，关心地铁发明者是谁、地铁的出生地在哪；有时人们像设计师，关心地铁是如何穿越江河、如何"掉头"的；有时人们又像文化学者，关心地铁线路颜色背后的故事、有轨电车的艺术长廊……

于是，城市轨道交通仿佛变成了一个个问号：这是什么？那是什么？为什么会这样？为什么会那样？……怎样才能方便又贴心地满足大家无穷无尽的好奇心和求知欲呢？"走近轨道交通科普系列丛书"就是一个不错的选择，可以帮助大家解决不少的疑问。

本套丛书共十册，分别为《你不知道的地铁历史》《你不知道的地铁设计》《你不知道的地铁建设》《你不知道的地铁运营》《你不知道的地铁文化》《你不知道的轨道交通》《走近有轨电车——趣谈篇》《走近有轨电车——设计篇》《走近有轨电车——建造篇》《走近有轨电车——运营篇》。本套丛书以地铁、有轨电车及其他轨道交通为主题进行编排，从历史、设计、建造、运营、文化等角度进行阐述，内容丰富、涉及面广，语言简洁易懂、生动有趣，不仅可以最大限度地满足读者对轨道交通知识的需求，而且还能让读者充分理解城市轨道交通建设的艰辛与不易。

本套丛书的内容融入了编者们在这一领域多年的积累，所包含的条目都经过编者们的精心挑选和甄别，向广大读者描绘了近200年城市轨道交通的绿色发展历程，希望借此能加深读者对我国"碳达峰与碳中和"目标的理解，引导绿色低碳出行。同时，本套丛书还展现了当今城市轨道交通涉及的各种前沿技术，让读者能深刻地感受到数字化带来的科技与便利，赋能数字化实践，助力城市数字化转型。

本套丛书得到了上海市科学技术委员会科普专项项目资助，也得到了上海市城市建设设计研究总院（集团）有限公司、上海中学、上海交通大学、同济大学出版社、中铁五局集团有限公司等单位的支持，在此表示衷心的感谢！

本套丛书中的少量图片来自网络，无法联系到图片版权者，在图片下方均已标明图片来源，若有相关事宜需要处理请与我们联系。

由于编者们的工程经历及学术水平有限，书中疏漏及不当之处在所难免，敬请广大读者不吝指正。

本书编委会

2021年12月

目 录

总序
丛书前言

1	什么是有轨电车	1
2	有轨电车的前世今生	2
3	有轨电车是谁发明的	4
4	有轨电车是如何走红的	6
5	有轨电车的一段辛酸史	8
6	世界上第一辆有轨电车	10
7	有轨电车的王者归来——现代有轨电车	12
8	欧洲——有轨电车的发源地	14
9	亚洲电车之星	16
10	神秘的非洲有轨电车	18
11	"鸡翅城"的城市名片	20
12	周总理家乡的风景线	22
13	"花园之城"的英伦风情	25
14	我国最"长寿"的有轨电车	27
15	香港的双层有轨电车	29

16	迪拜的有轨电车	32
17	最会"爬山"的有轨电车	35
18	耶路撒冷的有轨电车	39
19	"货拉拉"牌有轨电车	41
20	老上海的独家记忆	43
21	有轨电车速度之星	45
22	有轨电车之冰雪奇缘	47
23	青春记忆中的有轨电车	49
24	古老大陆的城市图腾	51
25	世界上最长的有轨电车	54
26	可以就餐的有轨电车	59
27	跨越国境的有轨电车	61
28	与火车共享轨道的有轨电车	64
29	比利时海岸边的绵延巨龙	66
30	世界上最神奇的有轨电车	69
31	沙滩、阳光、有轨电车	71
32	南湖号再续百年征程	73
33	在有轨电车上举办的音乐会	75
34	有轨电车上的艺术展	77
35	奔跑吧,有轨电车	79
36	不用电的有轨电车	81

37	"水上漂"的电车	83
38	有轨电车也能当邮差	86
39	卡尔斯鲁厄有轨电车	88
40	科技与复古的混搭	92
41	有轨电车步行街	95
42	水之都的海上列车	97
43	出镜率超高的松江有轨电车	99
44	音乐之都的"蜈蚣"电车	102
45	有轨电车的盛世美颜	104
46	勤俭持家小能手	106
47	布拉格的不可思议	108
48	交通优化大师	112
49	绿色奥运电车	115

参考文献　　　　　　　　　　　　　　　118

1 什么是有轨电车

每年的国际车展上,各厂商都会争相推出各种新车型。近年来,随着全世界环保意识的加强,以及"碳中和"概念的推广,越来越多的车企将目光投向了新能源车市场,华为、小米等电子企业也纷纷联合车企造车,五花八门的电动车层出不穷。而在电动车领域中,始终常青的,莫过于平日生活中时常见到的有轨电车了。

有轨电车,顾名思义就是地面上有轨道、在轨道上行驶的电车。说得专业一点,有轨电车就是由电力驱动的在轨道上行驶的轻型轨道交通车辆。有轨电车是一种公共交通工具,亦称路面电车,简称电车,属于轻轨的一种,其列车一般不超过五节车厢,由于在街道上行驶,因此会占用较大的道路空间。有轨电车是以电力驱动的,只需要给它足够的电力,它就可以在轨道上运行,因而它是一种无污染的环保交通工具。

有轨电车

2 有轨电车的前世今生

在我们看过的许多欧洲老电影中都会出现马车。过去,城市公共交通尚未普及,人们出行并不方便,只能依靠马匹、马车。这种状态一直持续到了 19 世纪,随着城市人口数量的不断增长,以及人与人之间更加频繁密切的来往需求,为了尝试运载更多的乘客,人们想出了将马车放在铁轨上,靠马力来拉动列车的方法。1807 年,在英国的威尔士,世界上第一条"有轨马车"横空出世,这正是日后风靡全球的有轨电车的雏形。

在有轨马车的基础上,人们迅速发展起了城市轨道交通,尽管通过马力牵引的确方便了人们的出行,但马匹毕竟不是机器,运输乘客

有轨马车

(图片来源:https://www.zhihu.com/market/paid_column/1136973377712627712/section/1137016049064144896)

的能力以及速度都不稳定,加上马匹并不卫生且易传播疾病。之后,人们尝试过蒸汽机车和缆车动力牵引的模式,直至爱迪生、特斯拉发明了直流发电机和交流发电机,人们才将目光聚集到电力牵引的方式上,世界上才真正出现了第一辆有轨电车。1881年,德国柏林市附近的西特菲尔建设的有轨电车线路开通运营,标志着有轨电车作为客运交通工具正式投入使用。

西特菲尔有轨电车
(图片来源:https://www.zhihu.com/topic/19831785/intro)

3 有轨电车是谁发明的

18世纪,詹姆斯·瓦特(James Watt)发明了蒸汽机,开辟了人类利用能源的"蒸汽时代"。

19世纪,托马斯·阿尔瓦·爱迪生(Thomas Alva Edison)发明了直流发电机,从而带领人们进入了"电气时代"。

19世纪,卡尔·弗里德里希·本茨(Karl Friendrich Benz)研制了单缸汽油发动机,并将其安装在自己设计的三轮车上,造出了一辆不用马拉的三轮车——世界上第一辆汽车就此诞生。

19世纪,莱特兄弟发明了世界上第一架飞行器,再一次改变了人类对交通的认知。

但你知道世界上第一辆有轨电车是谁发明的吗?

厢式蒸汽机车

1879年，德国工程师维尔纳·冯·西门子（Ernst Werner von Siemens）在柏林工业博览会上首次尝试使用电力驱动轨道列车，并于1881年在柏林近郊铺设了人类历史上第一条有轨电车线路，其中一条轨道进行通电，另一条轨道进行回路，电车在这条400 m长的轨道上来回运行，世界上第一辆有轨电车成功行驶。人类自此进入了轨道交通时代。

维尔纳·冯·西门子发明的第一辆有轨电车
（图片来源：https://www.sohu.com/picture/242461949）

4　有轨电车是如何走红的

有轨电车起源于马车时代，相较于马车交通，有轨电车速度快、运量大，比马车更加现代化，并且由于马匹不卫生且易传播疾病，有轨电车的投资又处于可接受范围内，因而有轨电车取代马车交通快速发展起来了。

与此同时，当时各国城市化仍处于初期阶段，世界各大城市的城市空间都较小，城市人口规模也都较小，城市居民出行机动化程度要求不高且出行距离都较短，而有轨电车与当时的城市结构、空间布局和人口规模都有较好的适应性，因此得到了快速发展。

也正是与当时的城市发展进程相匹配，有轨电车凭借其与有轨马

"有轨马车"邮票

（图片来源：http://www.e1988.com/picshow/?type=1&id=279816&bigcategory=A）

车相比的巨大竞争优势,以摧枯拉朽之势,迅速"席卷"全球。全世界范围内小到不足10万人口的小城市以及大到100万人口以上的大城市都争相建设有轨电车。20世纪初,欧洲、北美、日本、印度,几乎世界上每一座大城市都拥有自己的有轨电车系统,而在我国,随着天津、上海、北京、大连等城市的相继引进,有轨电车也驶进了中国大地。

有轨马车与蒸汽有轨车竞速

(图片来源:https://www.sohu.com/a/233049959_664390)

有轨电车车厢

(图片来源:http://5b0988e595225.cdn.sohucs.com/images/20190514/2a66304701be4c1cadf5cdaf8d849b9b.jpeg)

 有轨电车的一段辛酸史

随着汽车工业的蓬勃发展，私人汽车、公共汽车等路面交通工具的数量急剧增加。有轨电车作为城市公共交通的重要性在不断下降。同时，随着大量汽车涌上街头，城市道路面积严重不足，有轨电车由于占用道路面积较大，反而成了城市交通发展的障碍。

老式有轨电车行驶在道路中间，与其他车辆混合运行，又受路口红绿灯的控制，运行速度很慢，正点率低，噪声大，且加减速性能较差。同时，老式有轨电车车辆的主体、转向架、车内装置等均较为落后，运行速度、平稳性和舒适性也无法满足现代社会发展的需要。

随着城市化进程步入新的阶段，人口逐渐向大城市聚集，大城市

"奔驰一号"

尤其是中心城市人口不断增加，城市空间结构布局进一步扩大，受城市经济活动的影响，居民的出行距离进一步增加，对交通的要求也就更高。老式有轨电车由于与地面道路交通混行、速度慢、与居民出行的时间要求不甚匹配，因而开始走向衰落。最终，老式有轨电车逐渐被小汽车所取代，暂时告别了历史舞台。

小汽车逐渐取代老式有轨电车

6 世界上第一辆有轨电车

1881年，匈牙利音乐家贝拉·巴托克（Béla Bartók）出生了。
1881年，日本岩波书店创办人岩波茂雄出生了。
1881年，丹麦演员阿斯泰·尼尔森（Asta Nielsen）出生了。
1881年，中国文豪鲁迅出生了。
1881年，西班牙画家巴伯罗·毕加索（Pablo Picasso）出生了。
1881年，世界上第一辆电力驱动的有轨电车诞生啦！

世界上第一辆有轨电车是由德国工程师西门子在柏林工业博览会上推出的。作为当时世界上最早的电气化列车的设计师，西门子后续还制定了有轨电车发展的标准。

西门子有轨电车
（图片来源：https://www.sohu.com/a/300762882_348924?sec=wd）

西门子有轨电车共有八节车厢，是当时世界上最长的有轨电车，全长 63 m，最高速度可达 80 km/h。当时的有轨列车一共有三种宽度：第一种宽度为 2.3 m；第二种宽度为 2.4 m；第三种宽度为 2.65 m，这种宽度也就是现在主流有轨电车的宽度。列车的宽度越大，载客量就越多，最大载客量可达 540 人。这在当时的环境下，已经远远超过马力交通可以提供的运输能力，因此自打有轨电车诞生，它便迅速成为了德国乃至整个欧洲的"宠儿"，而后又风靡全球。

7 有轨电车的王者归来——现代有轨电车

　　20世纪下半叶，随着小汽车数量的迅速增加，城市道路资源日益紧张，以个体小汽车为主导的交通模式导致了城市快速大规模扩张，交通拥堵、交通安全、停车难、公共交通运行速度及交通运行效率下降、环境污染等问题集中爆发，且日趋严重。自1971年中东战争以后，石油价格大幅上涨，资本主义世界开始出现能源危机。同时，在这一时期世界经济发展很快，城市人口增长迅速，城市区域不断扩大，城市内部交通需求急剧上升，人们对公共交通的重要性有了新的认识，

有轨电车

有轨电车重新回到人们的视线中。

然而，传统有轨电车的问题依然存在，诸如运输能力、运输效率、旅行速度等，如何在原有的设计基础上进行系统性的改造升级成为现代有轨电车面临的一个巨大难题，但最终有轨电车还是做到了，完成了现代化的升级。

有轨电车的现代化升级改造主要体现在车辆和路权两个方面，有些线路采用车辆、路权同步升级，有些线路则保持原有的混合路权形式而仅对车辆进行升级。在车辆方面，20世纪70年代出现了大容量链接式有轨电车，80年代中期又出现了更具现代化气息的低地板车型。随着模块化、独立轮对转向架、弹性轮等技术的应用及车辆动力和制动系统的改进，车辆的载客能力大幅提升，车辆旅行速度、安全性及乘客进出车辆的方便性等都有了根本性的改善，车辆运行引起的噪声也明显降低。这一系列的升级使得有轨电车适应了现代化城市对公共交通及环境的要求。在路权方面，根据道路交通的实际情况及城市环境条件，尽量采用专用路权，在城市中心区和繁华地段也可新建地下或高架线路，从而与地面道路分离，同时采取信号优先措施以实现平交路口有轨电车的优先通行，保障有轨电车运行的安全性、准点性和快速性。

欧洲——有轨电车的发源地

8 欧洲——有轨电车的发源地

  欧洲是有轨电车的发源地，世界上第一辆有轨电车产自德国，而后世界才正式迎来了轨道交通时代。但你知道全世界第一个正式运营有轨电车的城市是哪个吗？德国的柏林？法国的巴黎？英国的伦敦？意大利的米兰？都不是！欧洲最早运营有轨电车的城市是奥匈帝国的萨拉热窝。

  1884年，萨拉热窝处于奥匈帝国统治之下，经济情况相对于欧洲其他城市要好不少，因此在沙皇的提议下，历史上第一条有轨电车线路在萨拉热窝正式营业了。第一条有轨电车线路在萨拉热窝的街道上铺设，尽管线路长度只有短短的 3 km，从拉丁桥延伸到了当时的老火车

萨拉热窝第一辆有轨电车
（图片来源：https://m.sohu.com/a/251816028_100218638）

站,但通车的消息还是在大街小巷迅速传开了,人们纷纷上街围观史上首条有轨电车线路。而有轨电车的迅速走红,很快改变了人们的出行习惯,甚至改变了年轻人的生活习惯,一些站点成为了青年们最喜欢的聚会场所,比如在市中心的中央银行月台,被称为萨拉热窝"Ceka"(等待)。部分电车甚至可以作为诗歌朗诵、短剧和戏剧表演的场所。

然而,再美好的事物也经不起战争的摧残,萨拉热窝的有轨电车也难逃此命运。但好在等待有轨电车回归的时间并不算太漫长,在当地政府的积极推动下,有轨电车很快又重新回到了人们的视线中。时至今日,有轨电车依然是萨拉热窝最热门的出行方式,而当地运营商为了纪念历史上最早的有轨电车线路,也推出了"怀旧电车",他们以第一辆萨拉热窝有轨电车作为原型制造了一辆仿真复制品,在Baščaršija站和Željeznička站之间穿行。时过境迁,有轨电车的传说仍在继续……

萨拉热窝有轨电车

萨拉热窝怀旧有轨电车

9 亚洲电车之星

加尔各答是印度西孟加拉邦首府，作为印度的文化中心，加尔各答频繁出现在许多戏剧节、电影节以及各种书展的宣传中，但就是这样一座文化之城却有着亚洲最早在运营的有轨电车。

加尔各答有轨电车的历史要追溯至 20 世纪初，那时印度尚处于英国殖民统治之下，当时的印度总督寇松勋爵（Lord Curzon）为了方便居民出行以及货物运输，便兴建了有轨马车系统，从 Sealdah 到 Armenian Ghat 大街，初代有轨马车线路也从那时开始营运了。后来，随着欧洲有轨电车电气化的普及，加尔各答政府也迅速加快了有轨电车的

加尔各答有轨电车

电气化升级过程,并于 20 世纪 80 年代完成了线路的扩建以及网络化建设。

随着历史长河的起伏,虽然加尔各答有轨电车经历了一段曲折的发展史,但一直沿用至今。有轨电车网络也早已成为加尔各答人民日常生活中不可缺少的一部分。

老旧的加尔各答有轨电车

⑩ 神秘的非洲有轨电车

说起非洲最古老的国家，人们首先想到的一定是埃及。作为四大文明古国之一，埃及的一切似乎都是那么神秘。无论是传说中的法老王、埃及艳后，抑或是象征着人类奇迹的金字塔，还是横跨非洲大陆的尼罗河，都足以让人大开眼界。

但你知道吗，埃及有着非洲最古老而又神秘的有轨电车。

埃及的亚历山大有着非洲最古老的有轨电车系统，它也是全世界少有的双层有轨电车，除此之外就只有英国的布莱克浦和中国香港才有双层有轨电车。

亚历山大的有轨电车系统于1902年实现了电气化，但是在1863年最初采用的是马牵引的形式，这是什么情况呢？原来在当时，亚历山大处于英国殖民统治时期，作为当时欧洲最为流行的交通方式，马力驱动的轨道交通同样被引入埃及。而后，随着工业技术的发展，马力驱动改为了蒸汽机车牵引，直至1902年才全面推广为电力驱动。亚历山大的有轨电车系统分为蓝线和黄线，票价很便宜，只有0.5埃及镑。

金字塔

尼罗河

时至今日，亚历山大有轨电车依然行驶在城市的大街小巷。亚历山大政府考虑到有轨电车"年事已高"，对电车进行了一番全新的装修，将电车顶部变成透明玻璃，形成了全新的全景视角，但车厢内依旧保持着50年前使用的木质座椅，极具历史厚重感。在天窗视角下，同一片天空下，有轨电车带着固有的历史沉重感，一如既往地为每一名乘客服务。

埃及亚历山大旧电车

⑪ "鸡翅城"的城市名片

说起新奥尔良（New Orleans）这座城市，我想人们的第一个念头或许会是同名的新奥尔良烤鸡翅，这款遍布大街小巷、男女老少人尽皆知的美食。若你品尝过，它的美味一定会让你印象深刻、难以忘怀。然而，奇妙的是，新奥尔良这座古老城市压根没有烤鸡翅，更不用说将烤鸡翅作为新奥尔良的城市名片了。

那新奥尔良这座城市究竟有没有属于自己的城市名片？这自然要说到古老而富有特色的有轨电车了，作为新奥尔良的一道风景线，有轨电车随处可见。

新奥尔良的有轨电车始建于1835年，是美国最早的电车系统之一，其在辉煌时期有数十条线路，但经过时间的洗礼，期间许多线路被拆除，唯有圣查尔斯大道线营运至今，依然活跃在城市的大街上。

新奥尔良复古有轨电车

新奥尔良有轨电车

坐在充满历史特色的圣查理街车（RTA-Streetcars）上，人们可以欣赏到这座历史老城的魅力，从运河街的广场教堂到城市公园的花园市场，穿越法国区波本街，沿途还能下车品尝新奥尔良最著名的"穷汉三明治"(Po'Boy Sandwich)、意大利大饼三明治（muffaletta）以及裹着黄油和炼乳的胡桃糖（pralines），喝上一口辣味秋葵浓汤，在大街两旁爵士乐演奏的陪衬助兴下，享受一段悠闲时光。

新奥尔良狂欢节

新奥尔良铜管乐队

⑫ 周总理家乡的风景线

淮安是周恩来总理的故乡。在这里,周总理度过了他的童年和少年时光,曾写下"为中华之崛起而读书"的豪言,也留下"愿相会于中华腾飞世界时"的赠语。在这里,平静的生活陶冶了周总理南北兼容、宽大博爱的性格特质和人格魅力。

2021年是周恩来总理逝世45周年。时光飞逝,如今提起周总理,在人们的心中仍会涌起难以抑制的敬仰和深情。尽管我们没有生活在"曾经"那个年代,但我们同样也可以"重回故里",乘坐有轨电车游历淮安,感受精神上的启迪和升华。

淮安现代有轨电车图一
(图片来源:淮安市现代有轨电车经营有限公司。)

淮安现代有轨电车图二
（图片来源：淮安市现代有轨电车经营有限公司。）

淮安有轨电车是全国第一条驶进城市中心的有轨电车线路，其沿线不仅串联起了许多淮安特色景点，也有许多红色文化。坐上有轨电车，从周恩来故居、周恩来童年读书处、周恩来纪念馆，到周总理与淮扬菜的渊源、新时代传承周恩来精神的恩来干部学院，从新四军在黄花塘、刘老庄的艰苦抗争、浴血奋战，到新安旅行团、苏皖边区政府的抗日救国、民主建设……电车驶过了淮安的十里长街，那些红色经典、激情岁月仿佛重现眼前，淮安的不屈风骨和厚重底蕴令人心潮澎湃，周总理的伟大精神在人们心中长存。

淮安现代有轨电车图三
（图片来源：淮安市现代有轨电车经营有限公司。）

13 "花园之城"的英伦风情

克赖斯特彻奇（Christchurch）又称基督城，是新西兰最著名的"花园之城"，位于新西兰南岛东岸，也是新西兰南岛最大的城市。在这里，你不仅可以感受到浓厚的英伦复古风情，也可以看到处处充满艺术气息的古老建筑群，当然还可以见到大洋洲最古老且最具特色的有轨电车。

克赖斯特彻奇有轨列车最早采用马力牵引，直至 20 世纪电气化推广普及，电气化的有轨电车网络才得以正式在城市中铺设开来。然而，好景不长，随着时间的迁移，受政治、经济等因素的影响，有轨电车线路陆续从这座城市的历史舞台上退场，直至 1954 年，老式有轨电车彻底退出了历史舞台。

新西兰的"花园之城"——基督城

但随着城市的发展，基督城的有轨电车在1995年重新出现在大众的视线中。从基督城大教堂的广场沿着伍斯特街道，再回到城市中心，有轨电车带着昔日的荣光回来了。

如今作为一条旅游环线，有轨电车本身复古的造型同这座城市的历史建筑一样，十分美丽。乘坐在基督城市中心的复古电车上，在"叮叮当当……"的声响中，经过这座城市的每一个街角，雅芳河、博物馆、大教堂、植物园，所到之处如电影画面一般让人应接不暇，复古的老式电车穿梭在充满英伦气息的城市中，如绅士般优雅的老司机为你讲解只属于这座城市的非凡故事……

克赖斯特彻奇有轨电车

14 我国最"长寿"的有轨电车

自从19世纪80年代德国工程师维尔纳·冯·西门子（Ernst Werner von Siemens）推出电力驱动的有轨电车之后，有轨电车迅速风靡欧洲，而后更是遍布全球。这股席卷全球的有轨电车建设热潮，同样也流入了中国。

1899年，我国最早的有轨电车在北京诞生了，线路连接了马家堡火车站和永定门。

1902年，辽宁抚顺开通了当地第一条有轨电车线路。

1904年，香港建成了第一条双层有轨电车线路。

1906年，天津开通了第一条有轨电车线路。

1908年，上海开通了第一条有轨电车线路。

大连关东街有轨电车掠影
（图片来源：https://www.sohu.com/a/164497104_99972471）

1909年，大连开通了当地第一条有轨电车线路，而这也正是本篇的主角，中国唯一一条沿用至今的有轨电车线路——201路有轨电车。

　　可以这么说，大连201路是与大连共同成长的，它们一起走过了百余年历史。201路作为大连的名片，承载着这座城市丰富的多元文化，也记录了这块土地百年经历的城市记忆。时至今日，我们依然可以在街道上寻得它的踪迹，201路早已成为大连这座城市独有的交通印记。

如今的大连有轨电车

15　香港的双层有轨电车

清脆悦耳的"叮叮"声回荡在香港岛，从西环、上环、中环起始，途经太古、湾仔，飘到了筲箕湾、维多利亚港的沿岸……这种独一无二的欢快铃音源自香港的双层有轨电车，车辆行驶时司机踩到踏脚，车子就会发出"叮叮、叮叮……"的声音，香港人便亲切地称呼这种双层有轨电车为"叮叮车"。

香港的双层有轨电车始建于1904年，距今已有118年的历史，古老的有轨电车穿越了百年悠久岁月，经过了时间的洗涤已成为香港的"名片"，它不仅见证了岁月的变迁，而且留下的还是那份印象中源远流长的电车情怀。无论是坐在有轨电车上，还是与其擦肩而过，总让人有种恍若隔世的感觉，它是全香港"最靓的仔"。

香港的双层有轨电车

双层有轨电车的行驶速度并不快,车站与车站的间隔也不过百余米,但它始终是香港颇受欢迎的交通工具之一,乘客中有在中环上班的白领,有出门购物的主妇,更多的是无目的纯属找感觉的"叮叮车"发

香港半敞篷的双层有轨电车

市中心的双层有轨电车

烧友。进入有轨电车，上到二层，坐在复古装饰的车厢里，透过窗户，望着街上熙熙攘攘的人群和遮天蔽日的摩天大厦，感受着香港这座城市的繁华与市井，体验着现代与怀旧的交融，慢慢享受这番别样的经历，如饮佳酿、如品佳茗，润泽绵长、回味隽永，颇有感觉。

车身印满广告的有轨电车

16 迪拜的有轨电车

说起阿联酋的迪拜，大家最先能想到的是什么呢？一定是石油、资本以及纸醉金迷的生活。阿联酋的迪拜位于中东地区中央，是面向波斯湾的一片平坦的沙漠之地，因其丰富的石油资源而迅速成为全世界最有钱的城市之一。但阿联酋为了国家更加健康地发展，大力推进多元化产业类型的经济策略，为了将迪拜打造成中东乃至全世界的金融中心以及观光城市，大力发展建筑项目以吸引全世界的目光，其中就有著名的世界超高人工建筑哈利法塔以及世界上面积最大的人工岛——朱美拉棕榈岛，而在这大兴建筑工程的背景下，自然也少不了有轨电车的身影。

迪拜的夜景

朱美拉棕榈岛

  迪拜的有轨电车于 2014 年正式开通运营,电车穿越市中心,沿着 Al Sufouh 路从迪拜码头开往朱美拉棕榈岛和 Al Sufouh,串联起了迪拜最主要的观光区、居民区和商业区。

  迪拜定制的是最高技术配制的 Citadis 有轨电车。迪拜有轨电车是世界上第一条 100% 无接触网的有轨电车线路。也就是说,有轨电车完全由安装在地面的分段第三轨供电 APS 系统提供电力。

  迪拜,这个奢华的代名词,这里的生活可以用价值不菲来形容,但有轨电车可以说是这里最经济实惠的交通出行方式了。每次只需花上 3 阿联酋迪拉姆,便可畅游整个迪拜市区了,性价比非常高。

迪拜有轨电车

华丽的迪拜有轨电车

⑰ 最会"爬山"的有轨电车

如果你看过安妮·海瑟薇主演的《公主日记》，那一定会对影片中米娅公主与女王奶奶开着老爷车撞向有轨电车的画面印象深刻吧！在美国旧金山，"叮叮当当"的有轨电车可谓是城市中一道靓丽的风景线，也是这座城市重要的名片。穿行在卡斯特罗（Castro）区和旧金山市区东北岸的渔人码头之间的有轨电车，造型独特且又十分的古色古香，因此在旧金山乃至世界范围都十分受欢迎。但你知道吗？旧金山的有轨电车也是十分擅长"爬山"的呢！

旧金山位于美国加利福尼亚州西海岸圣弗朗西斯科半岛，因其三面环水，环境优美，被不少人称为湾区，但它也是一座名副其实的山

旧金山复古有轨电车

城。城市独特的地形地貌，加之高低起伏的城市道路，其实并不适合建设地铁。虽然普通的公共汽车也能够爬坡，但是有轨电车凭借着它悠久的历史最终还是成为旧金山市最主流的通勤交通工具，也成为所有来旧金山的游客必打卡的景点。

旧金山的有轨电车，英文名称为 light rail, street car 或 tram。目前由 MUNI 公司（San Francisco Municipal Railway）运营。其中，2 条线路使用"historic street car"，7 条常规有轨电车线路（含一条限定接驳线）。这 7 条线路分别为：J，K，L，M，N，T，S（S 代表 shuttle，高峰期和比赛日运营）。这些线路在旧金山东部中心商业区路段共线运行，之后会分散前往旧金山各个居民区和旧金山市的其他地区，商业区地形较为平坦，采用地下隧道，进入居民区和其他地区后则因地形原因改为路面形式敷设。目前，这 7 条线路使用了 Breda 制造

旧金山海岸小镇行驶中的有轨电车

的 San Francisco LRV2/3，LRV2 于 1996 年投入服务，LRV3 于 1999 年投入服务，二者均预计于 2021 年至 2027 年间退役。另外一款车型为 Siemens Mobility 的 S200 SF LRV4，从 2017 年服务至今。列车均是 2 节为一组，在客流高峰期会采用重联编组以提升载客量。另外，旧金山还有两条历史性街头有轨电车线路，分别为 F Market and Wharves 和 E Embarcadero，其亮点在于使用了 20 世纪保留下来的老车，还包括全球各地退役的街头有轨电车被其收藏下来在此地运营。

旧金山海岸小镇正在疾驰的有轨电车

旧金山会"爬山"的有轨电车

18 耶路撒冷的有轨电车

说到耶路撒冷的有轨电车，不得不提一部同名电影《耶路撒冷有轨电车》。影片讲述了不同时间里，有轨电车上发生在形形色色乘客间的琐碎小事。作为一部以色列电影，影片也不仅限于以色列人，而是将目光投射到了德国人、法国人、美国人、俄罗斯人这些外国人身上。他们或因爱情而迷茫失落，或因宗教与哲学而兴奋不已，也有误解争吵而怒不可遏，也有独坐思考而恍若隔世……在等待电车通往目的地的旅途中，记录下了不同人群的人生百态，这些人生百态也使得这部电影成了人类学领域的经典影视作品。

影片中的有轨电车是以现实中的有轨电车为背景取材拍摄而成的。耶路撒冷位于近东黎凡特地区，作为一座历史悠久的城市，它运营有轨电车的历史却显得如此年轻。耶路撒冷有轨电车自2010年建成以来，

耶路撒冷城市风光

距今也不过 10 多年历史。耶路撒冷有轨电车线路全长不过 22.5 km，南北贯通的有轨电车线路不仅串联起这座宗教之城，也联系起居民的日常生活，因此有了后续电影中的经典画面也就不足为奇了！

耶路撒冷街头的有轨电车

19 "货拉拉"牌有轨电车

有轨电车作为城市常规公共交通的一员,一般是以通勤功能为主,但是也有将有轨电车用于货运的特殊系统。在德累斯顿就有着有轨电车界"货拉拉"之称的有轨电车线路(GarGoTram)。

德累斯顿有着全世界最先进的有轨电车网络,它也是整个德累斯顿市公共交通最主要的支柱。正因为全市有着如此方便、密集的电车线路网络,德国大众汽车为透明工厂专门设计了两条非常短的分支线路与有轨电车网络相连,并打造了两列货运有轨电车,用来连接城市西部的后勤中心与东部的透明工厂,以此解决老城区限制货运卡车通行的问题。

德累斯顿巴洛克式的老城

"货拉拉"牌有轨电车

　　蓝色基调的货运电车忙忙碌碌地穿梭于巴洛克风格的中心老城,藏身于随处可见的历史遗迹,恬静地融入这个美丽又厚重沉淀的地方。这个有轨电车界的"货拉拉"用自己的方式,成就着这座充满文化和艺术气息的"易北河畔的佛罗伦萨"。

德累斯顿"货拉拉"电车

⑳ 老上海的独家记忆

　　老上海的电车记忆从外滩开始，沿着淮海中路，"铛铛，铛铛……"地驶向徐家汇。那时有轨电车的出现源于老上海的公共交通无法满足人们的出行需求。在这样的背景下，英商上海电车公司应声成立，随后繁复的有轨电车线路也逐步建成。

　　一时间，有轨电车成了家喻户晓的新型交通工具。西装笔挺的老克勒，旗袍艳丽的摩登女郎，玩世不恭的富家小开，形形色色的人们出现在有轨电车上，或倚在窗边看着外面的车水马龙，或站在驾驶员的身旁侃侃而谈。在那个年代，倘若能花上几分钱搭乘有轨电车，倚窗而坐再来上一根盐水冰棍，可能就是每一个孩童最纯真的梦想。

　　穿过流光溢彩的街景，有轨电车缓缓地行驶在大街小巷，驶过了外白渡桥，驶过了南京路、北外滩，驶过了里弄里堂，驶过了那段如泛黄日历般的夜上海，渐行渐远的车影在浸微浸消的"铛铛"声中渐渐退出了历史舞台。

　　好在有轨电车并没有离开我们太久，日益严重的交通问题及环境污染问题让申城政府又将目光重新投向了有轨电车。张江、松江等越

老上海风光

来越多的城区又重新出现了新型有轨电车，它们相比旧式有轨电车更具时代感也配备了很多先进的技术装配。其中，松江示范线 T1 和 T2 线串联起松江老城、松江新城和松江大学城，并向东延伸至松江工业区及新桥镇，全长 31.394 km。轨道交通网、有轨电车网和地面交通融合相接的网络，形成区域性、便利性、辐射广的综合交通网络体系，让居民出行更加便捷、高效。

老上海有轨电车

上海松江有轨电车
（图片来源：上海松江有轨电车投资运营有限公司。）

㉑ 有轨电车速度之星

在中国的有轨电车界，有一班列车有着有轨电车速度之星的美称，它就是苏州高新区有轨电车。

苏州高新区有轨电车目前已开通了1号线、1号线延伸线和2号线，运营里程达到44.2 km，初步实现了网络化运营。自该项目开展以来，苏州有轨电车运营的各项技术指标便在行业内遥遥领先，旅行速度更是做到了全国最快，每小时可达33 km，比目前建成的有轨电车平均旅行速度普遍快了不少，其速度之快甚至可以比肩地铁。

苏州有轨电车在做到速度之最的同时，也成了国内数一数二的一

苏州高新区有轨电车
（图片来源：苏州高新城市交通发展集团有限公司。）

道优美景色。

在苏州高新区，有轨电车1号线从阳山南站到高新区管委会站之间，一列列有轨电车驰骋在草坪上，穿梭于海棠花的花海间。娇艳动人的海棠花团团簇拥，绿意盎然的树木草坪翠绿清新，列车行驶在繁华的城市街道与静谧的太湖河畔，让人仿佛身处童话小镇。

苏州有轨电车穿越花海

 有轨电车之冰雪奇缘

  2022年北京冬奥会的举办让大大小小的冬季运动再一次进入了大众视野。其中，大众最喜欢看的项目莫过于滑雪比赛了，看选手们驰骋在银装素裹的雪地上，感受冰雪速度的激情。然而，普通人在没有专业技术的情况下，参与滑雪这项运动还是很危险的，那么不妨转变一下思路，乘坐茵斯布鲁克有轨电车体验别样的滑雪体验。

  茵斯布鲁克位于奥地利西部，在阿尔卑斯山谷之中，北临德国，南临意大利，西边通往瑞士，东边通往首都维也纳，是奥地利蒂罗尔州的首府。茵斯布鲁克是阿尔卑斯山怀抱里的一个冰雪小城，深受冰雪爱好者的欢迎，且承办了多届冬奥会，而有轨电车正是行驶在这座茵河上的城市中。

茵斯布鲁克北国风光

坐着有轨电车，穿梭在质朴的欧洲小镇，欣赏两旁冰川山谷里的中世纪建筑，如同观看莫奈的画展，满满的艺术感扑面而来。狭窄的街道上，哥特式建筑独有的尖顶、巴洛克式的拱门以及文艺复兴式的拱廊比比皆是，呈现出这座冰雪古城的历史风貌。有轨电车驰骋在雪地上，乘客们感受着阿尔卑斯雪山上带来的清新空气，仿佛身临冰雪奇缘，一切都那么得富有诗意。

茵斯布鲁克现代有轨电车

茵斯布鲁克博物馆电车

23 青春记忆中的有轨电车

《灌篮高手》相信大家都看过，樱木花道、流川枫和赤木晴子这些耳熟能详的名字，陪伴着一代人走过了丰富多彩的童年。其中，让很多人印象深刻的一个画面是闸道口缓缓驶过的江之岛线列车，在那里赤木晴子和樱木花道互相挥手。如今，那处闸道口也成了一处景点。

江之岛线隶属于小田急电铁，线路连接了神奈川县相模原市南区的相模大野站与同县内藤泽市片濑海岸二丁目的片濑江之岛站。坐在电车上，穿行于城市中，途经镰仓高校、长谷寺、镰仓大佛、湘南海岸线等，数不胜数的美景都能让人们品出镰仓古城的韵味。其中，最著名的莫过于"镰仓高校站"了，与七里滨海岸仅隔着一条国道公路，站在月台上就可以看到相模湾，站边的镰仓高校更是《灌篮高手》中陵南高中的原型。温暖的阳光洒落在海滨河畔，沿途的紫阳花美不胜收，坐在有轨电

《灌篮高手》中江之岛线闸道口现实中的场景

车上饱览沿途风景,仿佛沿岸的海岸公路上流川枫正骑车飞驶而过,交叉口前的闸道旁,赤木晴子与樱木花道仍在挥手致意,电车带我们驶向的不仅仅是旅行的目的地,更是一代人的青春回忆。

江之岛线有轨电车穿过街道

江之岛线有轨电车靠站停车

 古老大陆的城市图腾

说起欧洲最著名的古老标志,你会想起什么?法国戴高乐广场的凯旋门,英国王室的白金汉宫,德国柏林墙上的勃兰登堡门,布鲁塞尔"最华丽的剧场"布鲁塞尔大广场,瑞士美丽湖畔旁的西庸城堡,抑或是意大利奇迹广场上的比萨斜塔……

那么在葡萄牙的里斯本,这座历史文化悠久的古老城市,它的古老标志又是什么呢?不是华丽典雅的贝伦塔,也不是高耸的摩尔人的城堡,更不是各种大大小小的街头雕塑,而是里斯本古老的有轨电车。里斯本的有轨电车始建于1872年,那时欧洲刚从马车时代进入轨道交通时代,轨道交通风靡一时,席卷了欧洲乃至全球,里斯本同样也大力兴建有轨电车。然而,好景不长,随着小汽车的问世,有轨电车的竞争力每况愈下,逐渐退出了历史舞台。里斯本在这场淘汰有轨电车的风潮中,同样也停运了大部分的电车线路,最终仅有5条电车线路被保留下来且沿用至今,其中还保留了大约60辆老旧的有轨电车。而在这当中最具代表性的,要数里斯本有轨电车28路了。

凯旋门

白金汉宫

28路有轨电车是里斯本中心城的环线交通,从老城到新城,28路有轨电车几乎经过里斯本所有的城区,穿过里斯本大大小小的景点。从繁华的商业街到典雅的新广场,在绵延曲折的街道上,总能看见28路橘黄色的身影。苍老的历史遗物穿行于古城的建筑明珠中,晃晃悠悠驶过的是城市悠久的岁月,是沧桑的时代变迁。

勃兰登堡门

布鲁塞尔大广场

西庸城堡

比萨斜塔

古老大陆的城市图腾

里斯本有轨电车

25 世界上最长的有轨电车

世界上最长的河流是非洲的尼罗河。
世界上最长的山脉是南美洲的安第斯山脉。

非洲的尼罗河

南美洲的安第斯山脉

世界上最长的桥梁是中国京沪高铁丹昆特大桥。

世界上路线最长的铁路是西伯利亚大铁路。

世界上最长的公路隧道是挪威的洛达尔隧道。

那么,你知道目前世界上最长的有轨电车在哪里吗?对了,就在布达佩斯。

布达佩斯有轨电车的历史要追溯到 19 世纪,有轨电车作为布达佩斯城市内最繁忙的轨道交通工具,发展至今已有百余年的历史,共有 31 条轨道线路处在运营状态中,总里程数达到惊人的 196 km,堪称世界之最。

西伯利亚大铁路

世界上最长的有轨电车

布达佩斯有轨电车

布达佩斯有轨电车 1 号线上运营的 12 辆 Urbos 3 有轨电车是当今世界上最长的有轨电车，该电车采用 9 节编组，车身长度达到 55.9 m，一次可以载客 345 人。

布达佩斯有轨电车双轨并行

世界上最长的有轨电车

布达佩斯复古有轨电车

布达佩斯夜晚街上行驶的有轨电车

其中，布达佩斯有轨电车 2 号线更是被誉为世界十大最美丽电车线路之一。富有年代感的老式电车载着乘客们穿梭在布达佩斯这座美丽的金色城池里，沿着多瑙河畔来一场复古而又浪漫的旅行，"初吻圣地"渔人堡、绚烂迷人的樱花大道、古色古香的哥特建筑、金黄耀眼的万家灯火……似电影画面般一帧帧映入人们的眼帘。

香槟黄色的有轨电车带着斑驳锈迹、伴随着金属碰撞的噪声穿行在黄色外墙、灰蓝色屋顶、深门高窗的旧宫殿以及横跨多瑙河的多个著名大桥之间，带人们感受着这座城市的历史印记。

在桥上行驶的有轨电车插画

26 可以就餐的有轨电车

有轨电车作为城市常规公共交通的一员,一般是以交通功能为主,但是世界上也有可以在车上就餐的有轨电车噢!在墨尔本有着世界上最为著名的"电车餐厅"——墨尔本有轨电车餐厅(Melbourne Tram Restaurant)。

墨尔本拥有全世界最大的有轨电车网络,它也是澳大利亚目前有轨电车系统保存最完好的城市,全世界第一家有轨电车餐厅也在那里。这家餐厅始于1927年,也是截至目前唯一开设在有轨电车上的高级餐厅,曾11次获得"最受欢迎的观光餐厅"奖。

墨尔本有轨电车餐厅

餐厅主打浓浓的怀旧氛围以及古典浪漫的殖民风格。客人在用餐期间，电车会绕行墨尔本市区主要街道一圈，以便让旅客一边享用美酒佳肴，一边欣赏流动的街景。车内的装潢古典且高雅与窗外的墨尔本城市风光相得益彰。因此，墨尔本有轨电车餐厅深受海内外游客的青睐。

墨尔本有轨电车餐厅的车厢里铺着舒适的深红色地毯，椅子上铺盖着长丝绒黄铜椅垫，给人温馨、舒适的感觉，餐桌上点缀着康乃馨，顾客离开时可以带走。每节车厢内都有一名戴着白色高帽的厨师，在非常局促的空间里变魔术般烹调出各种美味。服务生们穿梭于长长的车厢内，倒酒、端菜、帮客人拍照……忙得不亦乐乎。餐桌上洁白的桌布犹如电影屏幕，水晶杯、香槟、红白葡萄酒、白瓷瓶康乃馨、鹅肝酱、烟熏鲑鱼、奶油慕斯纷纷登场。

不过，这么网红风的餐厅预定也是靠抢的，每天的中午（13：00—15：00）、黄昏（17：45—19：15）和夜晚（20：35—23：30）古董电车餐厅开出三列，它们均是由 SW6 型号的列车改造而成，车厢数量会根据订餐人数联挂。因为有轨电车的平衡性较好，所以即使电车在行驶，也不会对车上顾客用餐有任何影响，人们喝饮料、切牛排等都没有问题，甚至因为车辆运行得太平稳，再加上餐饮的考究，顾客们反而常常会忘记自己正坐在有轨电车内用餐。

 跨越国境的有轨电车

　　如今，公共交通工具发展十分迅猛，这给我们日常出行提供了许多便利。如果你要出门旅行，会选择怎样的交通工具呢？是速度最快的飞机？还是舒适的高铁？或是自驾游？不如来试试有轨电车吧！

　　在我们的印象中，有轨电车往往只在一个区域内运行，跨市或跨省的线路屈指可数，更不要说是跨国线路了。但在瑞士的边境小镇巴塞尔就有着这样一条跨越三国国境的有轨电车线路，居民们平日里就可以坐着有轨电车悠哉悠哉地来一场说走就走的他国之旅。

　　巴塞尔是瑞士第三大城市，坐落在瑞士西北边境三国交界处，西北侧与法国的阿尔萨斯相通，东北侧则与德国的黑森林山脉连接。

　　巴塞尔有轨电车网络由13条线路组成，线路除了在巴塞尔市内运行，部分线路还进入了法国和德国。有轨电车已成为巴塞尔文化遗产

巴塞尔

巴塞尔街头的有轨电车

绿色涂装的巴塞尔有轨电车

的一部分，与巴塞尔大教堂一起成为这座城市的标志。

巴塞尔有轨电车由两个运输提供商运营：巴塞尔运输服务（Basler Verkehrs-Betriebe，BVB）和巴塞尔运输（BLT）。BVB 公司运营的线路为绿色涂装，线路均位于莱茵河右侧。这个公司的列车主要在城市运营，不过其 3 号线和 6 号线的终点却位于巴塞尔的乡村地区，而 8 号线线路则一直延伸到了德国边境。BLT 公司运营的线路为黄色和红色涂装，主要在巴塞尔市中心以南的郊区运营，部分进入法国境内。

巴塞尔有轨电车采用联合票价，人们只需购买一张票，便可畅行三个国家，并且通过有轨电车跨越国境的乘客甚至无须受到海关规定的约束，仅需满足最基本的行李要求即可。对于想出国旅行的人来说，这真的是十分自由又惬意呢！

巴塞尔有轨电车

 与火车共享轨道的有轨电车

相信大家对火车并不陌生，对有轨电车也有一些了解，不过你是否见过有轨电车与火车在一条轨道上共享线路吗？事实上，在法国的米卢斯真的就有这样一条全世界独一无二的有轨电车与火车"混跑"直通的轨道线路。

米卢斯是法国的科技工业城，全市共有3条有轨电车线路，它们共同组成了米卢斯的轨道交通网络，以保障城市的日常公共交通运营。在市区内运行的是有轨电车1号线和2号线，3号线则与一条通往斯特拉斯堡市（Strasbourg）的干线铁路共用一条轨道。有轨电车在经过率

米卢斯有轨电车

特尔巴克（Lutterbach）后就会进入通往 Thur 峡谷的铁路线路，在那里工作人员会将有轨电车的操作系统转换为火车模式并继续运行，直至抵达终点站 Thann 站，乘客只需坐在车上就能体验到两种不同的轨道交通风格，十分有趣。

米卢斯有轨电车 1 号线

29 比利时海岸边的绵延巨龙

比利时，欧洲西部的一座沿海之都。一说到比利时，人们首先想到的往往会是巧克力王国、美味的黑巧克力；或是盛产的肥美贻贝，在花样繁多的白酒烹煮下的鲜美炖菜；抑或是排名世界第一的足球王朝，德布劳内、阿扎尔带来的盛宴。

但你知道吗，比利时海岸边运行着世界上最长的绵延"巨龙"——世界最长单条有轨电车线路。

比利时海岸城际有轨电车线路沿着比利时西海岸行驶，串联起了沿岸的所有城镇。该条线路始于法国边境的 De Panne，止于荷兰边境的 Knokke Heist，全长 68 km，共设 69 座车站，是世界上少有的城际线路之一。在夏季高峰期，有轨电车发车间隔为 10 min，冬季为 20 min，

海滨之都——比利时

比利时海岸边的绵延巨龙

穿越市中心的有轨电车

行驶中的有轨电车

67

年载客量超过 300 万人次。

　　这条有轨电车除了沿海一路运行以外，还有一大特色便是中途途经开合桥。当超高船只通过时开合桥会打开，桥面上升。由于桥面升起会影响有轨电车的正常运营，因此又修建了两条替代线路，这就避免了因船只通行而带来的延误。

比利时北海海岸的有轨电车

30 世界上最神奇的有轨电车

世界上神奇的事物千千万，比如隐形的"摩西桥"上下颠倒，将桥梁建在了水下，从远处看完全看不到桥；长沙臭豆腐，闻上去臭气扑鼻，吃起来却是非常美味；南极的企鹅，虽然属于鸟类却在南极冰水里肆意地游泳……

在法国的南锡，同样有着世界上最神奇的有轨电车，虽然是有轨电车，却没有轨道，这到底是怎么一回事呢？

法国东北部城市南锡，位于洛林地区高地的腹地，是法国最著名的历史文化名城，它的古朴城堡、斯坦尼斯瓦夫广场以及南锡植物园都为世人所熟知。相比之下，南锡的有轨电车却显得有些默默无闻。

南锡风光

南锡有轨电车线路总长约 11 km，是在 2000 年年初对原无轨电车线路进行系统升级后改进而来的。相比于传统有轨电车，南锡有轨电车的车身长度更短，且在车头设有两个具有公交车特色的后视镜。

　　要说南锡有轨电车真正的奇特之处莫过于庞巴迪车辆特别设计的方向盘了。作为胶轮导轨电车，这款车是可以脱离导轨依靠无轨电车导线运行的，也正是如此，在城市中存在部分没有轨道的路段，有轨电车的行驶方向只能依靠驾驶员通过方向盘来控制。另外，相对于钢轮钢轨有轨电车，南锡有轨电车的橡胶轮胎比钢轮具有更大的牵引力，因此可以爬更陡的山坡，最高爬坡度或坡度为 13%。而南锡路线 T1 的部分路段坡度就达到了 13%。同时，由于该系统可以脱离轨道约束，因此运营效率也有所提升。

31 沙滩、阳光、有轨电车

黄金海岸（Gold Coast）是澳大利亚昆士兰州南部的一座小型城市，也是澳大利亚东部沿海著名的旅游度假胜地。在这里，你可以看到所有与度假有关的要素：明媚的阳光、连绵不绝的白色沙滩、湛蓝的海水、浪漫的棕榈林以及种类繁多的跳伞、冲浪、潜水等户外项目。黄金海岸真可谓是人间天堂。

而在这样一座美丽的城市里，同样有着另一条别具一格的靓丽风景线，那就是黄金海岸有轨电车——G：link。

黄金海岸有轨电车线路全长 20 km，全线共设 19 座车站。该线路北起 Helensvale 火车站，Broadbeach South 是南部的终点，该线路于 2014 年 7 月 20 日开通，并于 2017 年 12 月 17 日从黄金海岸大学医院西北延伸至海伦威尔。黄金海岸有轨电车由德国庞巴迪运输公司制造的 18 辆 Flexity 2 电车组成。有轨电车为七模块浮车型，最高速度为 70 km/h，

澳大利亚黄金海岸风景

可容纳 309 名乘客，设有 80 个座位。

　　黄金海岸有轨电车黄色的车身与黄金海岸的金色沙滩相得益彰，它行驶在城市与沙滩之间，仿佛一缕金色阳光照耀着城市，又如一阵清风，飘忽而来，呼啸而去，为这片黄金沙滩带来了不一样的清新美感。

黄金海岸有轨电车

黄金海岸有轨电车靠站停车

32 南湖号再续百年征程

百年时光，能让一棵树木成长为"树人"。

百年时光，能让一个无知孩童成长为沧桑老人。

百年时光，能让一杯精酿变得越发醇醚。

百年时光，可以是中国共产党一路走来的风雨征程，也可以是一种精神在一座城市轻描淡写的流光。

说起嘉兴南湖，历来都是江南著名的游览胜地，诗情画意间湖中的悠悠小船引人入胜。但南湖最广为人知的还是要从"一大"会址，中国共产党的诞生说起。

"红船"是中国共产党的"母亲船"，是中国革命源头的象征，从南湖出发，是100年追梦之路，也是"南湖号"继往开来的新征程。"南

嘉兴有轨电车首列车接车暨列车命名仪式
（图片来源：嘉兴市申嘉有轨电车运营管理有限公司。）

湖号"有轨电车车辆采用5模块编组，总长度34.8 m，最高运行时速70 km。采用轻量化、高能量密度的超级电容储能供电方式，使车辆的总存储电量可达48 kW·h，且仅利用在车站停靠的时间即可完成快速充电。

不仅如此，"南湖号"还是名副其实的"智慧列车"——通过5G车地无线数据传输技术，列车状态数据、监控视频等可实时传至地面控制中心；基于AI视觉分析技术的乘客计数系统，能够精确计算乘坐人次，同时可设置司机行为分析系统，预警司机疲劳驾驶等不规范行为。

如今的"南湖号"有轨电车犹如当年南湖中央的红色小船，始于嘉兴南站，止于嘉兴南湖，穿梭在嘉兴的中心街道上，为沿线居民带来了轨道交通的便利。

乘坐在"南湖号"有轨电车上，沿线可以看到无数建党古迹、红船旧址，感受传承至今的"红船精神"，重温嘉兴这座城市百年的峥嵘岁月。

秀水泱泱，红船悠悠，电车飕飕。我们看到的不仅仅是一列电车，更是其背后开天辟地、敢为人先、坚定理想、百折不挠、立党为公、忠诚为民的红船精神。相信流淌着"红色血液"的"南湖号"可以砥砺前行，在党的诞生地——嘉兴，为当地人民带去幸福，驶向更加美好的明天。

"南湖号"有轨电车

（图片来源：嘉兴市申嘉有轨电车运营管理有限公司。）

33 在有轨电车上举办的音乐会

音乐会想必大家都参与过,形形色色、五花八门的乐队以及歌手们为了同一个主题,大家聚集在一起共同用音乐演艺一场听觉的盛宴。

而我们的有轨电车平时生活中看上去平平无奇,为城市的日常通勤运转。但你可曾想过,在运行的有轨电车上,也可以举行音乐会?

在波特兰的有轨电车上,就经常举办移动音乐节,至今已有十余年的历史。举办方会邀请当地的乐队、音乐人来到有轨电车上进行现场演出,每一名乘客仅需支付正常的有轨电车票价,便可在旅程中欣赏音乐演出。坐着晃晃悠悠的有轨电车,欣赏着窗外的车水马龙,耳边传来的是音乐的狂欢,时而忧郁时而奔放……

音乐会

音乐与有轨电车也可以如此相配,波特兰的有轨电车与音乐之间的梦幻联动使二者紧紧地交织在了一起,这是一种特色更是一种文化的融合。

波特兰有轨电车

波特兰曼陀林

34 有轨电车上的艺术展

说到艺术展，人们最初的印象往往是画展，也可能是雕塑展，它作为社会文化发展到一定阶段的产物，是建立在艺术家与公众之间的一种特殊的交流方式。正如曾在中国的成都、北京、上海、广州、深圳、重庆巡展的新"印象莫奈：时光映迹艺术展"，通过目前世界上最前沿的数字成像技术，将 400 多幅莫奈珍贵名作呈现在了人们面前，在莫奈逝世 90 周年之际为人们带来了艺术视觉的盛宴。

而说到作为艺术的载体，其实体可以不仅仅只局限于画布、石膏等，作为城市公共交通的有轨电车，同样也可以成为一个很好的载体。

在澳大利亚墨尔本每年如期举行的国际艺术节上，都会委托 7 位专业的艺术家和一位新兴艺术家，对有轨电车车身进行大胆的艺术创作，通过浓重的笔墨油画风格，将有轨电车打造成一件名副其实的艺术品。

墨尔本的街头涂鸦艺术

这些经由专业艺术家们设计的有轨电车穿梭于墨尔本的大街小巷中，常令人眼前一亮，淳朴的画风与现代化的城市完美地融合在一起，为这座城市里的市民以及游客们带去极大的艺术新鲜感和视觉享受。

车身各式图案装饰的墨尔本有轨电车

㉟ 奔跑吧，有轨电车

马拉松是我们日常生活中耳熟能详的运动，它不局限于固定场地，大多从城市道路中选取合适的赛道，而且对于参赛者有很大的包容性，无论是专业选手还是业余选手，都可以参与其中。

也正是因为这份开放与包容，让有轨电车也有机会凑一把热闹呢！

对！你没有听错，有轨电车也可以参加马拉松啦！

在我们的印象里，有轨电车只是作为替代步行、骑车的一种公共交通出行方式，似乎与体育健身并没有什么关系，但在苏州、深圳等地却将有轨电车玩出了新花样。

马拉松比赛

有轨电车沿着城市道路在路面铺设的形式，使得它在参加马拉松比赛这点上有着得天独厚的优势。一边是参赛选手们在道路上挥洒汗水，为体育精神和健康的身体而奔跑；另一边是有轨电车在轨道上缓缓驶过，与参赛选手们来了一场速度与激情的较量，此情此景别提有多带劲了！

例如，深圳市龙华区每年举办的"与有轨电车同行"微型马拉松已经成为深圳龙华极具影响力的品牌体育赛事，这项赛道与有轨电车完美结合的赛事，是国内唯一与有轨电车同行的户外路跑活动。这项赛事举办的意义在于营造龙华区浓厚的体育锻炼氛围，激发全民健身运动热情，让市民感受有轨电车给出行带来便利的同时，体验运动的乐趣与魅力，发现龙华之美。

36 不用电的有轨电车

有轨电车，顾名思义是依靠电力来牵引的轨道车辆，但你可曾听说过不依靠电力发动行驶的有轨电车吗？

在广东省佛山市高明区就有着世界首列上线运营的氢能有轨电车！

当今世界，氢能作为世界公认的清洁能源，因其低碳和零碳能源正在逐渐受到人们的重视。自21世纪以来，我国和美国、日本、加拿大、欧盟等都制定了氢能发展规划，并且我国已在氢能领域取得了多方面的进展，在不久的将来有望成为氢能技术和应用领先的国家之一，也被国际公认为是最有可能率先实现氢燃料电池和氢能汽车产业化的国家。

氢能的作用

在有轨电车领域，世界首列氢能有轨电车在南车青岛四方机车车辆股份有限公司下线，这是继中国南车研制出世界首列储能式超级电容有轨电车之后的又一力作，使我国一跃成为世界上首个掌握该技术的国家。

氢能有轨电车在运行过程中的产物只有水，因此它是一种极为环保的交通工具，乘坐较为平稳、舒适且噪声小。同时，它兼具着有轨电车的优点，作为轻型列车，每辆车采用3节编组，内设60个座位，最多可载客（超员载客量）360人，其最高运行速度可达70 km/h，在加氢站加满一辆有轨电车仅需15 min，这可比电力快充还要快得多呢！另外，氢能有轨电车的可续行驶距离能达到惊人的100 km，这不仅使其摆脱了接触网的束缚，更是让我们无须再为沿途充电站选位问题担心了，也解决了此前储能式有轨电车续航里程短的"瓶颈"问题。

㊲ "水上漂"的电车

日常生活中，大家对有轨电车的印象往往是行驶在城市道路上的一种轨道交通，很少有人会将有轨电车的运行道面联想到其他载体。但在葡萄牙的波尔图，因城市特殊的地貌，于是便诞生了一种与众不同的有轨电车，其不仅穿行在城市之间也行驶在水面之上，这究竟是怎么一回事呢？

波尔图是葡萄牙北部一个面向大西洋的港口城市，杜罗河蜿蜒曲折地穿越了整座城市，将城市划分为老城与加亚新城两个部分。路易斯一世大桥横跨在杜罗河之上，连接了两岸的新、老城区，是波多图最主要的水上交通走廊。

路易斯一世大桥于1886年建成，由于波尔图这座城市极为特殊的地形地貌，这座桥在设计之初便被分为上下两层，下层设计为机动车道，有轨电车则是与行人共同在上层行驶走行。路易斯一世大桥因其

杜罗河风景

"水上漂"的电车

与众不同的结构及其悠远流长的历史,使得大桥与有轨电车一起成为波尔图市最有名的城市印记,也是游客们必来打卡纪念的著名景点。

从远处望去,只见波光盈盈的河水与湛蓝的天空连成一片,阳光斜洒,阵阵微风吹过,河水微波荡漾,泛起阵阵涟漪。有轨电车从大桥上驶过,与碧水蓝天融于一体,仿佛是在宽阔的河水上疾驰而过,天空中时而飞过零星的海鸥点缀,带来海风的气息,真是一幅美丽的画面!

路易斯一世大桥

路易斯一世大桥上的有轨电车轨道

"水上漂"的电车

行驶在路易斯一世大桥上的有轨电车

波尔图有轨电车

波尔图夜间行驶的有轨电车

38 有轨电车也能当邮差

人生海海,如梦如戏,我们每天都扮演着不同的角色。在父母面前我们是孩子,在孩子面前我们是父母,在领导面前我们是下属,在下属面前我们是领导,在好朋友面前我们是知己,而在陌生人面前我们仅仅只是路人甲、路人乙……

人生如此,有轨电车在它的历史上又何尝不是这样呢?

格尔利茨是德国最东部的一座城市,位于萨克森州的东部,正是这样一座名不见经传的城市,城中的有轨电车不仅是常规的交通工具,还扮演着我们不为人知的角色。

格尔利茨有轨电车系统最早于1882年5月25日开通运营,当时的

格尔利茨风景

有轨电车是由马匹牵引的。1897年以后，所有的线路均完成了电气化。自20世纪80年代以来，线网规模有了一些新的扩展，但最终因经营压力关闭了部分线路。有轨电车联通了格尔利茨核心城市及其郊区。城市周边地区和未与有轨电车网络相连的地区通过城市和区域巴士与有轨电车网络相连。

起初有轨电车仅仅作为交通工具，在第一次世界大战后，它也曾承担过其他任务。20世纪50年代，因为格尔利茨有轨电车的沿线有着许多邮局的缘故，运营公司便让有轨电车同时承担起了运送货物、投递信件的重任，当时由邮局管理员将邮袋和钥匙交给电车司机。

卡通邮差

卡尔斯鲁厄有轨电车

 卡尔斯鲁厄有轨电车

　　随着城市不断发展，我们与大自然之间的距离似乎变得越来越远，已记不清上一次触动人心的美丽风景是在什么时候了。

　　当清晨的第一缕阳光洒向大地，人们走在阳光灿烂的小路上时，不经意地一个回眸，或许是一朵花瓣在枝头滑落，伴随着几片落叶，洋洋洒洒地落在地面，微风轻轻吹拂，将它们带到了那遥远的天边。大自然的美总是那么得让人流连忘返……

　　在德国的卡尔斯鲁厄（Karlsruhe），有轨电车与大自然紧紧地拥抱在一起。

扇形城市——卡尔斯鲁厄

卡尔斯鲁厄是德国西南部的一座城市，作为巴登－符腾堡州第二大城市，有着"扇形城市"的美称。

卡尔斯鲁厄有轨电车网络是德国巴登－符腾堡州卡尔斯鲁厄公共交通系统的一部分，于 1877 年开始运营，1997 年起由卡尔斯鲁厄市公司（Verkehrsbetriebe Karlsruhe GmbH，VBK）运营，1903—1997 年由卡尔斯鲁厄市运营，并一直沿用至今。

2012 年，卡尔斯鲁厄有轨电车网络的总长度为 71.5 km，线路总长为 127.1 km。该有轨电车网络共由 7 条线路构成，其中 6 条线路是每天运营的，每日线路在工作日以 10 min 的时间间隔发车，而第 7 条线路（8 号线）只在工作日运营，列车发车间隔时间为 20 min。

卡尔斯鲁厄的轨道交通很有意思，它是有轨电车－火车并轨系统，因而这种模式又被称为卡尔斯鲁厄模式，即有轨电车和通勤铁路的列

卡尔斯鲁厄有轨电车

卡尔斯鲁厄双线并行有轨电车

日落时分行驶中的卡尔斯鲁厄有轨电车

车在同一套轨道上运行，通常在市区之间或者市区之外。最早由德国卡尔斯鲁厄市的当地交通当局 KVV 开发并实施。当然，卡尔斯鲁厄也是全球首个将城市轻轨交通纳入国有通勤铁路网实现共通运转的城市。

作为城市的骨干交通，有轨电车最为人熟知的却是穿越"金色隧道"的美景。富有城市气息的有轨电车行走在金色的森林中，被风吹过的枝芽和飘散而下的落叶在空中起舞，与呼啸而过的有轨电车相得益彰。这景色犹如有轨电车驶进了大自然的黄金宝箱，美不胜收。

"黄金隧道"

40 科技与复古的混搭

欧洲在人们的印象之中一直都是古典与现代相结合的地方，无论是古老的欧洲大教堂还是雕塑林立的广场，从欧洛克圆顶、哥特式尖顶到新古典主义的建筑群，欧式风格的建筑总是让人如此着迷。

华为作为一家前沿技术公司，有着世界上最大的科技园区，而在松山湖最著名的莫过于将整座欧洲小镇全部"搬"过来的松山湖园区，以及园区内来回开行的"小火车"了。

在松山湖园区内，古典与现代并存着，各式各样种类繁多的欧式建筑矗立在起伏的山丘之上。华为终端欧式小镇共分为12个建筑组团，按照松山湖的自然地形，因地制宜地分别模仿了欧洲的牛津、温德米尔、卢森堡、布鲁日、弗里堡、勃艮第、维罗纳、巴黎、格拉纳达、博洛尼亚、海德尔堡、克伦诺夫十二个小镇。现代化的有轨电车绕着建筑行走，二者融合在了一起。整个园区的氛围同其他大型企业园区相比显得那么与众不同。

松山湖华为小镇全景

科技与复古的混搭

华为小镇中正在运行的有轨电车

科技与复古的混搭

作为整个园区的通勤工具,有轨电车承担着服务园区内员工相互沟通、上下班通勤需求的任务。人们坐在上面可以欣赏到欧式风格的建筑与美景,真的是不出国门便能看到整个世界呢!

华为小镇中准备靠站停车的有轨电车

㊶ 有轨电车步行街

逛街想必是许多人都十分喜爱做的事情，选一个阳光明媚、悠闲自得的下午，拉上三五好友一起逛街那绝对是一件十分惬意的事。走在街上，无论是现代化的百货商厦、特色商品小店，还是美术馆、电影院，抑或是小吃街、奶茶铺，形形色色的好吃、好玩的都充满着新鲜感。

然而，在我们的印象中，步行街一般只能通过"走"来游玩，逛街的过程比较耗费体力，但你有没有想过通过乘坐有轨电车的方式来逛街呢？

与高铁、地铁不同，有轨电车行走在城市的地面道路上，它们是城市流动的风景线。同样地，它们也可以开进城市的大街小巷内，为逛街的人们提供便利。

萨格勒布步行街上的有轨电车

有轨电车步行街

在全球各地，许多地方都会把有轨电车与步行街相结合。例如，克罗地亚首都萨格勒布的有轨电车、法国蒙彼利埃的有轨电车、上海南京路的铛铛车、伊斯坦布尔步行街上的有轨电车等等。有轨电车的功能似乎也在与时俱进，轨道交通与慢节奏生活的方式能让每一位市民更好地去感受惬意且轻松的生活氛围。

法国步行街上的有轨电车

伊斯坦布尔步行街上的有轨电车

42 水之都的海上列车

看过《航海王》的小伙伴应该不陌生"水之都"这个城市。一个为了拯救伙伴而与世界为敌的热血少年与他的伙伴们在"水之都"展开了精彩的冒险,其中有一个交通工具让人印象深刻——海上列车。假如动画中的城市变为现实,这又将是一种怎样的体验呢?不瞒你说,《航海王》中"水之都"的原型正是水上之城威尼斯,而海上列车正是梅斯特雷有轨电车。下面便带你体验一番连接世界水城的意大利梅斯特雷(Mestre)有轨电车。

梅斯特雷位于威尼斯市,是意大利威尼托大区中人口最多的城市。梅斯特雷因为其地理位置优越、环境优美、消费水平低于威尼斯市等

水城——威尼斯

原因，常常被作为旅游、航海的出发点，且它到威尼斯的公共交通接驳便利、班次频繁，因此梅斯特雷吸引了大量游客。从梅斯特雷至威尼斯市可乘坐有轨电车，沿途能一览大好风光。

梅斯特雷的有轨电车是当之无愧的海上列车，它是真的可以跨海的哦！该线路连接了水城威尼斯，真正让旅客体验到《平凡之路》中唱的"我曾经跨过山和大海，也穿过人山人海。"1891—1938年期间，梅斯特雷市中心开通了有轨电车服务，与大多数欧洲城市一样，历经了马车牵引、蒸汽牵引和电力牵引三个阶段。但最终线路被无轨电车所取代，传统有轨电车结束运营。直到1992年，梅斯特雷新电车网络重建的建议再次被提出，该计划提出建设3条线路，随后获得了市政府、威尼斯市政公共交通公司(ACTV)的支持。

梅斯特雷新电车网络项目在1996年获得批准。1999年，有轨电车系统最终确定采用法国劳尔的胶轮导轨制式，这样不仅可以减少噪声，还可以缓解振动，并获得了交通运输部门的批准，从此便有了《航海王》里"海上列车"的原型啦！梅斯特雷有轨电车使用STE4型列车，车辆采用4节编组，车身长32 m，宽2.2 m，高2.89 m。梅斯特雷有轨电车线路全长20 km，共开行2条线路，分别为T1线和T2线，两线在梅斯特雷中心站换乘。其中，T1线长14 km，线路自Monte celo开往威尼斯罗马广场总站，共设23座车站，平均旅速约21 km/h，给乘客提供最优质的乘坐体验。

 出镜率超高的松江有轨电车

《三十而已》作为去年夏天最火的国产剧，自打播出之后，便一直成为网上聊天群、微博等社交媒体的热议话题。该剧以三位30岁的都市女性视角展开，讲述了不同社会阶层、不同身份背景以及不同生活环境的三个女人在职场以及生活中所面临的不同困境。

《三十而已》作为一部取景于上海松江区的生活情景剧，其中自然出现了许多松江的特色取景点，如辰山植物园、泰晤士小镇、松江大学城（工程技术大学）、沪松路柴火空间院内的反弹工厂、三湘四季城、松江公交24路……

在这么多丰富的景点中，自然也少不了我们有轨电车界的知名"网红"，松江有轨电车2号线——"蚕宝宝"啦。在《三十而已》的第一集中，剧组就给了"蚕宝宝"一个华丽的亮相镜头，"蚕宝宝"以

上海辰山植物园深坑花园

泰晤士小镇

松江有轨电车 2 号线——蚕宝宝
（图片来源：上海松江有轨电车投资运营有限公司。）

一身明亮橘色的形象在松江区的城市街道中穿梭而过。在《三十而已》第九集中，顾佳和王漫妮带着钟晓芹散心，三个女孩乘坐方便快捷的"蚕宝宝"前往了松江大学城校园内蹭课，"蚕宝宝"也将有轨电车这一城市中的现代化公共交通的优势，展现得淋漓尽致。

松江有轨电车自打开通运营以来，不仅方便了松江市民的日常出行，还凭借着自己超高的"颜值"，成为松江区一道靓丽的城市风景线。

不仅如此，在刘德华参演的《人潮汹涌》中"蚕宝宝"也是反复出镜，穿插整个剧情。

在电视剧《生活家》中，同样也能见到"蚕宝宝"熟悉的身影……

有轨电车作为现代城市新兴的一种轨道交通，已被越来越多地方所接受，而松江有轨电车自打建设以来也有数年的时间，作为松江区的区域骨干交通，无论刮风下雨，"蚕宝宝"每天都兢兢业业地工作着，为松江人民带去了方便。相信随在松江区有轨电车线网的逐步扩建加密，"蚕宝宝"能为松江人民带去更加美好的生活。

行驶中的"蚕宝宝"
（图片来源：上海松江有轨电车投资运营有限公司。）

44 音乐之都的"蜈蚣"电车

维也纳的名字始终与音乐连在一起。许多音乐大师，如海顿、莫扎特、贝多芬、舒伯特、约翰·斯特劳斯父子、格留克和勃拉姆斯都曾在此度过了多年音乐生涯。维也纳是奥地利的首都，其位于奥地利东北部阿尔卑斯山北麓维也纳盆地之中。其三面环山，多瑙河穿城而过，四周环绕着著名的维也纳森林，拥有一张四通八达的交通网络。城区内共有 28 条有轨电车线路，线路总长度达 225 km，是当地城市交通中的重要环节。

当你行走在维也纳街头时，便可看见"蜈蚣电车"，为什么会有这样奇怪的名字呢？主要是因为此类有轨电车的地板面很低，因此也叫做超低地板有轨电车。20 世纪 80 年代，低地板有轨电车在欧洲兴起，其地板面高度仅 30 cm，随后 30 cm 逐渐成为行业标准。维也纳为了使

维也纳夜景

轮椅和婴儿车能直接从路面进入有轨电车,于是决定创造地板面高度更低的有轨电车,最终维也纳的"蜈蚣电车"问世了,其创造了世界低地板有轨电车之最,它的地板面高度只有 19 cm。

维也纳超低地板有轨电车

维也纳"蜈蚣"电车

 有轨电车的盛世美颜

在这个充满"美颜"的时代,无论是拍照或者拍视频很多人都会选择"美颜",有轨电车自然也不例外。法国蒙彼利埃的有轨电车非常迎合时代潮流,它有着法国最美有轨电车之称,而它的"盛世美颜"可是货真价实的。

蒙彼利埃是奥克西塔尼大区埃罗省的省会,位于法国南部,地中海沿岸。这里属于典型的地中海气候,全年温暖且日照充足,几乎没有冰雪天气,是法国的避寒胜地,故被称为"阳光之城"。

蒙彼利埃的有轨电车曾被多次评为全法最漂亮的有轨电车,目前运营的有轨电车线路有1号线、2号线、3号线和4号线,它们都有着"盛世美颜"哦!蒙彼利埃的电车系统有一大特色:每条线路的电车和

"阳光之城"——蒙彼利埃

站台都有自己的设计风格。大背景都是地中海的蓝天，这点恰恰与蒙彼利埃位于地中海沿岸相呼应，凸显了城市的特色。有轨电车 1 号线的设计是燕子，仿佛看见自由的向往；2 号线的设计是百花，象征着勃勃生命力；3 号线的设计是海水，与这个城市的地理位置以及地中海在人们心中的重要地位相呼应；4 号线是太阳、火焰和光，代表着"阳光之城"的热情开朗。全系统共有 87 辆 Citadis 型有轨电车，正因各条线路的主题不同，故每辆列车的车身设计也不同，83 辆有轨电车都有专属于自己的特色。

在蒙彼利埃 4 条有轨电车线路中，1 号线全长 15.7 km，大多数车次都是全区段运营的，全程运行时间为 50 min。1 号线采用了较为罕见的 Alstom Citadis 401 车型、5 模块，但是每节车厢都比 302 车型要长不少，总长和 7 模块的 402 车型相当，非 100% 低地板。蒙彼利埃有轨电车线路最高限速 60 km/h，实际运行时可以达到 55 km/h 以上，过弯速度非常快，效率也很高。

蒙彼利埃特色的有轨电车

46 勤俭持家小能手

《左传·庄公·庄公二十四年》曾说"俭，德之共也；侈，恶之大也。"的确如此，勤俭持家从古至今都是值得被赞美和提倡的，勤俭持家的人也会被大家歌颂。而在有轨电车的世界里，也有着勤俭持家的典范哦！那便是法国贝桑松有轨电车。

贝桑松是法国东部城市，也是法国的经济、科教和工业中心。它的自然风光优美，森林覆盖率很高，位居法国第一，索恩河支流杜河自东向西呈摇摆状流经贝桑松，使其呈现出独特的"一面靠山、三面环水"的半岛式城市布局。除此之外，贝桑松还是一座历史悠久的艺术城市，工业革命后，其一度成为法国钟表业制造中心，而且拥有深厚的文化底蕴，法国著名文学家维克多·雨果就出生于此。

贝桑松的美景

为什么说法国贝桑松有轨电车是勤俭持家的"小能手"呢？主要是因为首先贝桑松有轨电车主要从经济性和实用性出发，优先考虑的是如何构建低成本的系统，而非考虑美观性，即优先满足使用价值，以降低成本。其次，贝桑松市从简单的角度出发，选用标准化车站，并且在操作上与现有公交车站相似，这就保证了有轨电车和公交车一定程度的共性特点。再次，有轨电车维修中心也比常规建设的检修中心更为简易。最后，就线路而言，贝桑松刻意减少了有轨电车建造过程中涉及的道路改造及街道改善、绿化等延伸项目，因此沿线美化方面的支出也减少了。

　　贝桑松有轨电车共有 2 条线路，3 个车站，线路全长 14.5 km，且 2 条线路大部分路段是共线运营路段。就车辆而言，贝桑松有轨电车共有 19 列，均为 Urbos 3 系列 100% 低地板车型，车辆长 23 m，宽 2.4 m，采用 750 V 直流接触网供电，可容纳 132 名乘客。当地政府目前正在研究建设新的线路以适应扩展新区的城市发展。

贝桑松有轨电车

47 布拉格的不可思议

布拉格是捷克共和国的首都以及该国最大的城市,也曾是波希米亚王国最大的城市。布拉格位于捷克西北部的伏尔塔瓦河上,人口数量约为130万人。各个历史时期、各种风格的建筑,从罗马式、哥特式建筑、文艺复兴、巴洛克、洛可可、新古典主义、新艺术运动风格到立体派和超现实主义,散落在布拉格的每个角落,形成了布拉格独特的魅力。正如《布拉格广场》这首歌的歌词中所写:"我就站在布拉格黄昏的广场,在许愿池许下了愿望,那群白鸽背对着夕阳,那画面太美我不敢看。"布拉格也是歌德笔下"欧洲最美的城市",它集浪漫、鲜艳、夜晚的幽深和古老于一身。

布拉格风光

布拉格的不可思议

布拉格广场

有轨电车是布拉格的一大特色，线路覆盖了城市的大部分区域。布拉格有轨电车线网是捷克共和国最大的有轨电车网络。线路（含 Petřín 索道缆车）全长 142.4 km，包括 25 条日间路线和 9 条夜间路线。截至 2019 年，布拉格有轨电车车队共有 882 辆有轨电车，列车数量仅次于布达佩斯。

另外，布拉格的有轨电车也各具特色，下面就来欣赏欣赏这些独具特色的有轨电车吧。其中，22 路有轨电车穿过了布拉格最美的城区，沿途经过很多热门景点，比如布拉格城堡、小城广场、国家大剧院、和平广场等。接着是 91 路 "怀旧电车"，它穿越市中心，用复古的风格贴合着怀旧的气息，透过车窗，人们可以欣赏这座独具魅力的城市。还有现代化的新式有轨电车，采用了方便上下车且快捷极具实用性的 100% 低地板斯柯达 15T 系有轨电车。再者便是能爬山的轨道缆车，Petřín 索道

布拉格有轨电车

缆车它是方便人们到 Petřín 山上的交通工具，它与 Ujezd 有轨电车站相接，线路包括 Nebozízek 中站和 Petřín 山顶站。最后，还有布拉格动物园的儿童车，带你回到童年时代。

布拉格不同样式的有轨电车

48 交通优化大师

众所周知,有轨电车的出现是为了缓解交通拥堵,解决交通问题。在西班牙的安达卢西亚自治州,有轨电车具有十分重要的作用,它成功改善了当地交通,因此成为有轨电车改善交通的优秀典范之一。

塞维利亚是西班牙安达卢西亚自治州和塞维利亚省的首府,也是西班牙唯一有内河港口的城市。塞维利亚的城市街道十分宽阔,城中还有着丰富的历史文物,拥有三处联合国教科文组织世界遗产,因此它也是一座具有历史魅力的城市。同样的,塞维利亚的有轨电车也有着悠久的历史,塞维利亚是西班牙最早拥有有轨电车的城市之一,曾经历了有轨电车从兴起到衰落之后又因要解决城市交通问题而再次兴

瓜达尔基维尔河

起的历史。有报道称，在 19 世纪 50 年代，塞维利亚当地便建成了一条由马拉的轨道车线路。几年后，塞维利亚成为第五个拥有电力驱动有轨车辆的西班牙城市。但随着公共汽车的大规模发展，有轨电车逐步衰落。

机动车数量逐年递增，在 2007 年塞维利亚的机动车数量达到一个历史高峰，此后每年却都在下降。此外，公共交通覆盖率最好的地区道路交通上小汽车也在持续减少，这意味着公共交通系统正在发挥作用。事实的确如此，2007 年重新建设的短途有轨电车线路在历史悠久的市中心投入使用，2011 年电车线路延伸。该线全长约 2.2 km，共设有 5 站，是最短的现代有轨电车系统之一。值得一提的是，塞维利亚的公共交通制式的建造都是有特定目的的，并因地制宜地推广和应用，例如地铁是专门为日常通勤者设计的；有轨电车则主要针对游客；公交车与自行车的服务对象，二者皆有。但是，当地通过评估发现，自行

塞维利亚风光

车道正在逐渐失去吸引力，而对有轨电车的升级却是十分必要的，目前当地所采用的都是新型 Urbos 3 型有轨电车。

为了解决城市交通问题，并保持可持续发展，塞维利亚市议会公布了一份计划提案，该文件中提到几大目标：其一，城市交通出行中 2/3 将通过可持续的方式（行人、自行车和公共交通）进行的，只有 1/3 是通过私家车等方式进行；其二，建设更高效的运输系统，将旅行时间控制在约 20 min，最多 25 min；其三，改善塞维利亚和大都市区的交通系统一体化；其四，为应对气候变化，将塞维利亚的碳排放量减少 55%；其五，增加私家车的零排放份额，至 2030 年达到 10%；其六，75% 的公共交通为零排放车辆。

塞维利亚有轨电车

49 绿色奥运电车

  里约热内卢是巴西第二大城市以及巴西最大的海港，位于巴西国土的东南部，南临大西洋，向北延伸至瓜纳巴拉湾西岸，有长达 14 km 的跨湾公路大桥与东岸的尼泰罗伊市相连。众所周知，巴西森林绿地面积广，植被覆盖率高，是真正的"绿色"之国。2016 年，第 31 届夏季奥运会是在巴西的里约热内卢举行的，里约热内卢打出了"绿色奥运、电车先行"的理念。

  奥运前夕，五湖四海的观众纷纷来到里约热内卢，体验当地文化

里约热内卢

的同时等待奥运的到来,而这却给当地交通带来了巨大压力,造成严重的交通拥堵。为了缓解交通拥堵,里约市区一条新的有轨电车"挺身而出",开通了部分线路。奥运刚进行了几天,里约交通便已告急,之后人们发现乘坐有轨电车去观看比赛和演出反而更靠谱,并且前往滨海区域观光的游客若乘坐有轨电车会更快捷也更方便。本次里约奥运的主题是绿色奥运,节能环保的现代有轨电车恰好非常完美地契合了这一主题。

那么,有轨电车的优势在哪呢?对于堵车问题,有轨电车有"VIP"特权,可以优先通过,如此便不会耽误时间。加之它的停靠站时间也非常精准,从而便于游客和市民规划出行。此外,有轨电车还是个"机灵的小鬼",它可以根据客流量的多少,增加或者减少车辆的

里约奥运会

有轨电车行驶在里约街头

发车间隔时间。同时,有轨电车非常环保,它的二氧化碳释放量比公交车少4倍,比私家车少10倍,这点与里约奥运会的"绿色"主题非常契合。

参考文献

[1] 徐正良，程樱. 城市轻轨交通系统工程设计 [M]. 上海：同济大学出版社，2021.

[2] 李云龙，李光鹏. 生物技术概论 [M]. 呼和浩特：内蒙古大学出版社，2017.

[3] 方念，吴远. 汽车文化一百年 [M]. 呼和浩特：内蒙古人民出版社，2004.

[4] 戴维·麦卡洛. 莱特兄弟 [M]. 北京：中信出版集团，2019.

[5] 日本人物辞典编纂委员会. 日本人物辞典 [M]. 上海：商务印书馆，1998.

[6] 许寿裳. 鲁迅先生年谱 [M]. 上海：文化生活出版社，1937.

[7] 徐正良. 有轨电车概论 [M]. 北京：中国铁道出版社，2018.

[8] 谭复兴. 世界有轨电车集锦 [M]. 上海：上海工程技术大学出版社，2015.

[9] 刘少才. 新奥尔良有轨电车 [J]. 城市公共交通，2017（1）：68.

[10] 乐梅. 香港城市轨道交通发展经验与借鉴 [J]. 思考与运用，2004（2）：74–76.

[11] 晓红. 里斯本的有轨电车：欧洲最早的有轨交通工具 [J]. 交通与运输，2016，32（3）：70–71.

[12] 褚一铭，于棋峰，陶灵犀. 墨尔本有轨电车建设运营经验与启示 [J]. 交通与运输，2019，35（5）：1–4.

[13] 克里斯多夫·格罗内克，罗伯特·施瓦德. 法国有轨电车图集 [M]. 北京城建设计发展集团股份有限公司，译. 北京：中国铁道出版社，2016.

[14] 易云. 维也纳将扩建地铁和有轨电车 [J]. 现代城市轨道交通，2015（2）：94.